ひらがなをかこう

1 あ・い・う・え・お

あんぱん
あんぱん

いしやきいも
いしやきいも

ういろう
ういろう

えびせんべい
えびせんべい

おしるこ
おしるこ

おしることぜんざいのちがいってなんだろう？

カタカナをかこう

1 ア・イ・ウ・エ・オ

アップルパイ

イチゴアイス

ウエハース

エクレア

オレンジ

なにあじがすき?

あそんでまなぼう

1 ダジャレで、あいうえお

☆なぞって、よんでみよう。

アイスを　あいする。

イカは　いかが？

うめえ　うめぼし。

エイヒレの　えいこう。

おすすめの　おすしは　おしずし。

2 か・き・く・け・こ

かきごおり

きなこもち

くるみぱん

けんさきいか

こんぺいとう

ぼくは、イチゴとれんにゅうをかけたかきごおりがいちばんすき！

カタカナをかこう

2 カ・キ・ク・ケ・コ

ク		ク
ッ		ッ
キ		キ
ー		ー

キ		キ
ャ		ャ
ラ		ラ
メ		メ
ル		ル

カ		カ
ス		ス
テ		テ
ラ		ラ

コ		コ
コ		コ
ア		ア

ケ		ケ
ー		ー
キ		キ

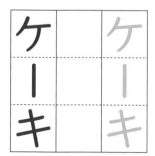

あそんでまなぼう

2 ダジャレで、かきくけこ

☆なぞって、よんでみよう。

カレーは　かれー。

きのこは　なんのこ。

クレープを　くれー（ぷ）。

けいきの　いい　ケーキ。

コーラを　のんだのは　だれだ。

こらー！

ひらがなをかこう

3 さ・し・す・せ・そ

さくらもち
さくらもち

しおまめ
しおまめ

すこんぶ
すこんぶ

せんべい
せんべい

そばぼうろ
そばぼうろ

さくらもちには、ふたつ
しゅるいがあるよ。
しってた？

カタカナをかこう

3 サ・シ・ス・セ・ソ

サブレ　サブレ

シャーベット　シャーベット

スコーン　スコーン

セロリ　セロリ

ソーセージ　ソーセージ

スコーンは、
イギリスのおちゃがしだよ。
ジャムやバターをつけて
たべるんだ。

あそんでまなぼう

3 ダジャレで、さしすせそ

☆なぞって、よんでみよう。

サバを さばく。

しゅうまいは これで おしゅうまい。

スイカは やすいか。

セージいりの ソーセージ。

セージとは、ハーブのことだよ

そばに そばやが できた。

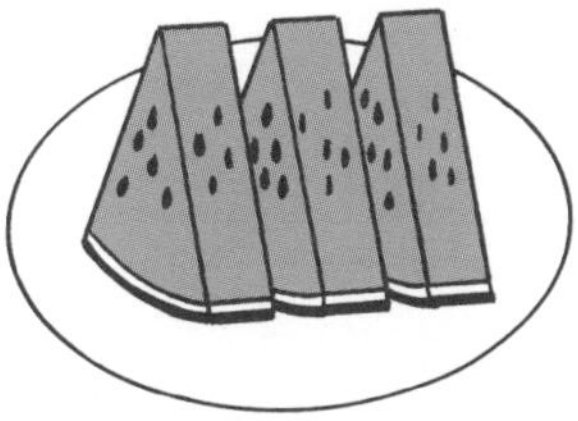

ひらがなをかこう

4 た・ち・つ・て・と

たいやき

たいやき

ちまき

ちまき

つきみだんご

つきみだんご

てんぷらうどん

てんぷらうどん

とうもろこし

とうもろこし

カタカナをかこう

4 タ・チ・ツ・テ・ト

タルト

チーズケーキ

ツナマヨ

ティラミス

トマト

おにぎりでおなじみのツナマヨ。
「ツナマヨネーズ」のりゃくだよ！

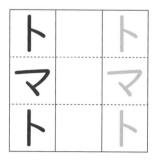

あそんでまなぼう

4 ダジャレで、たちつてと

☆なぞって、よんでみよう。

たくあんは　もう　たくさん。

チョコをチョコッとちょうだい。

つくねは　いがいに　たかくつくね。

やまのてっぺんでてっぺんやき。

トウモロコシが　こーんなにも！

トウモロコシのことを、
えいごで「コーン」というよ

ひらがなをかこう

5 な・に・ぬ・ね・の

なすび
なすび

にくまん
にくまん

ぬれせんべい
ぬれせんべい

ねりあめ
ねりあめ

のどあめ
のどあめ

ぬれせんべいは、たっぷりの
しょうゆをつけたせんべい。
ムチッとした、しょっかんが
おいしい！

カタカナをかこう

5 ナ・ニ・ヌ・ネ・ノ

ナタデココ

ナタデココ

ニッキアメ

ニッキアメ

ヌードル

ヌードル

ネーブル

ネーブル

ノルウェーサーモン

ノルウェーサーモン

ニッキは、あまいかおりで、からいあじのスパイスだよ

あそんでまなぼう

5 ダジャレで、なにぬねの

☆なぞって、よんでみよう。

ナスを なすりつける。

にくが にくい。

ヌードルを ぬっとる。

ネギを ねぎる。

ノドグロは のどくろい。

「ねぎる」とは、かいものでやすくしてくれるように、おみせのひとに、そうだんすること。

おまけ

なぞって・かいぶん その1

☆つぎのぶんは、うえからよんでも、したからよんでも、おなじよみです。
よんで、なぞりましょう。

イカ たべたかい？

てらで ラテ。

カキの きか？

シメジめし。

よる にんじん にるよ。

ひらがなをかこう

6 は・ひ・ふ・へ・ほ

はるまき

はるまき

ひややっこ

ひややっこ

ふくじんづけ

ふくじんづけ

へぎそば

へぎそば

ほしいも

ほしいも

へぎそばは、のりをまぜたそばだよ
みどりいろなんだ！

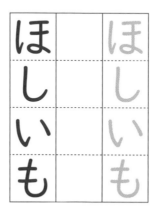

6 ハ・ヒ・フ・ヘ・ホ

ハンバーガー

ヒレカツ

フランスパン

ヘーゼルナッツ

ホットケーキ

ヒレは、ぶたの
せなかのにく。
「ヘレ」ともいうよ。

あそんでまなぼう

6 ダジャレで、はひふへほ

☆なぞって、よんでみよう。

はちがみっつで　はちみつ。

ひやしちゅうかは　ひやしちゅうか？

プリンが　たっぷりん。

ヘルシーりょうりは　おなかが　へるしー。

ホットドックを　ほっとく。

ひらがなをかこう

7 ま・み・む・め・も

まきずし

みかん

むしぱん

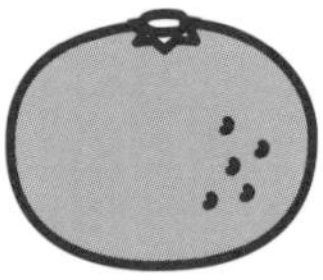

めだまやき

もなか

カタカナをかこう

7 マ・ミ・ム・メ・モ

マカロン　マカロン

ミルフィーユ　ミルフィーユ

ムース　ムース

メンチカツ　メンチカツ

モンブラン　モンブラン

「しろいやま」といういみだよ！

あそんでまなぼう

7 ダジャレで、まみむめも

☆なぞって、よんでみよう。

マスカット たべて まぁ、すかっとした。

ミカンが みっかんない。

ムースを むーす。

メロンに めろんめろん。

もなかが もう なかった。

ひらがなをかこう

8 ら・り・る・れ・ろ

らっかせい

りんごあめ

るりに

きれいなあおいろの
ナスのにもののこと

れいめん

ろばたやき

カタカナをかこう

8 ラ・リ・ル・レ・ロ

ライチ
ライチ

リゾット
リゾット

ルイボスティー
ルイボスティー

まっかにすきとおったおちゃだよ

レーズン
レーズン

ロールケーキ
ロールケーキ

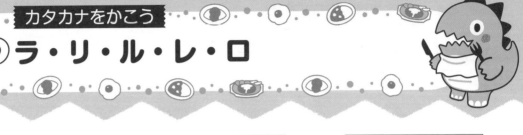

8 ダジャレで、らりるれろ

☆なぞって、よんでみよう。

ライスは つらいっす。
リゾットを たべて ぞっとした。
ルーを かけるーのを わすれた。
レモンの いれもん。
ロースに ソースを かける。

ひらがなをかこう

9 や・ゆ・よ・わ・を・ん

やきいも
やきいも

ゆでたまご
ゆでたまご

よもぎもち
よもぎもち

わたがし
わたがし

りんごをたべる
りんごをたべる

ようかん
ようかん

9 カタカナをかこう ヤ・ユ・ヨ・ワ・ヲ・ン

ヤングコーン

ヤングコーン

ユッケ

ユッケ

ヨーグルト

ヨーグルト

「を」は、ことばとことばをつなぐもじだよ

ワッフル

ワッフル

味噌《みそ》少《すこ》シノ野菜《やさい》ヲタベ

味噌少野菜

味噌少シノ野菜ヲタベ

※宮沢賢治《みやざわけんじ》『雨《アメ》ニモマケズ』より

ラーメン

ラーメン

「ん」は、ことばのとちゅうか、さいごにつくよ

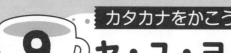

あそんでまなぼう

9 ダジャレで、やゆよわをん

☆なぞって、よんでみよう。

この やきにくは、やきにくい。

ゆでたまごを ゆでた、まご。

ようかんを たべようか(ん)。

ワインに よわいんです。

おかしを つくるのは、おかしい?

コーンが、でてこーん。

おまけ

なぞって・かいぶん その2

☆つぎのぶんは、うえからよんでも、したからよんでも、おなじよみです。
よんで、なぞりましょう。

ミルクと クルミ。

イカと かい。

ナスですな。

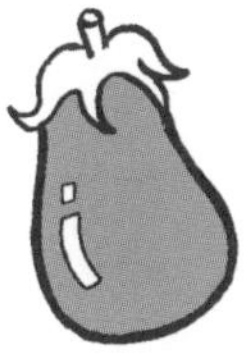

わたしたちも おもち たしたわ。

のうかも イモ かうの？

ひらがなをかこう

10 が・ぎ・ぐ・げ・ご

がんもどき

がんもどき

おでんにはいっている、まるくてふわふわのあげものだよ

ぎょうざ

ぎょうざ

ぐんかんまき

ぐんかんまき

げんまい

げんまい

「ぬか」がついたままのおこめのこと

ごもくごはん

ごもくごはん

カタカナをかこう

10 ガ・ギ・グ・ゲ・ゴ

ガーリック　ガーリック

ギンナン　ギンナン

イチョウのたねだよ

グラタン　グラタン

ゲソ　ゲソ

イカのあしのことだよ

ゴーヤ　ゴーヤ

おまけ

カタカナことばのきまり

☆カタカナでかくことばには、つぎのようなものがあります。よんで、なぞりましょう。

① なきごえ

ワンワン

ニャンニャン

コケコッコー

② ものおと

カンカン

ゴオーッ

ザブンザブン

③ がいこくのくに、とち、ひとのなまえ

フランス

ロンドン

アンデルセン

エジソン

④ がいこくからきたことば

バイオリン

セーター

チューリップ

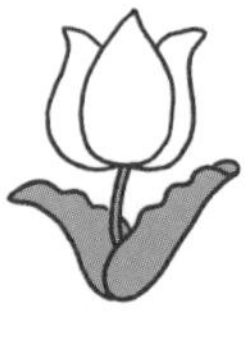

ひらがなをかこう

11 ざ・じ・ず・ぜ・ぞ

ざるそば
ざるそば

じゃがいも
じゃがいも

ずわいがに
ずわいがに

ぜんざい
ぜんざい

ぞうに
ぞうに

おしょうがつに
たべたいね！

カタカナをかこう

11 ザ・ジ・ズ・ゼ・ゾ

ザッハトルテ

ザッハトルテ

チョコレートケーキのおうさまといわれているよ

ジンギスカン

ジンギスカン

ズッキーニ

ズッキーニ

ゼリー

ゼリー

ゾウスイ

ゾウスイ

もっとまなぼう

カタカナのかきかた ①

☆「ノ」のなかま

ノ
ななめにかいて、ひだりにはらう。

メ
ノをかいて、てんをうつ。

ナ
よこぼうにノ。

ソ
てんひとつにノ。

ツ
てんふたつにノ。

☆「フ」のなかま

フ
かぎをかいて、ひだりにはらう。

ラ
よこぼうにフ。

ワ
みじかいたてぼうにフ。

ウ
みじかいたてぼう
ふたつにフ。

ひらがなでかこう

12 だ・ぢ・づ・で・ど

だいこん

ちぢみ

づんだもち

「ずんだもち」ともかくよ

でんがく

どびんむし

カタカナでかこう

12 ダ・ヂ・ヅ・デ・ド

ダイダイ

ヂゴイ

ヅケマグロ

ボラというさかなの
べつのなまえだよ

デコポン

ドーナツ

ダイダイも
デコポンも、
みかんのなかま
なんだって！

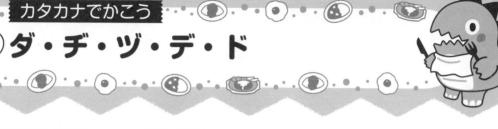

もっとまなぼう

カタカナのかきかた ②

☆「ニ」のなかま

ニ　テ　モ　ヲ

よこぼうふたつ。
したのぼうは、ながくかく。

ニをかいて、みじかいノ。

ニをかいて、まるく
みぎにまげる。

おなじながさのニを
かいて、ノ。

☆「レ」のなかま

レ　ル　ン　シ

たてぼうをまげて、
もちあげる。

みじかいノをかいて、レ。

てんをひとつかいて、
もちあげる。

てんをふたつかいて、
もちあげる。

ひらがなをかこう

13 ば・び・ぶ・べ・ぼ

ばらずし

びわちゃ

ビワのはっぱでつくったおちゃ

ぶどう

べっこうあめ

ぼたんなべ

イノシシのにくを、ぼたんともいうんだ

カタカナをかこう

13 バ・ビ・ブ・ベ・ボ

バッテラ

しかくい、すっぱいおすしだよ

ビーフカレー

ブロッコリー

ベーコン

ボルシチ

もっとまなぼう

カタカナのかきかた ③

☆ みじかい「ノ」

ケ

みじかいノ、よこぼう、みじかいノ。

チ

みじかいノ、よこぼうかいて、ふつうのノ。

おなじぶひんから、ちがうもじができているね

☆ ひらたい「フ」

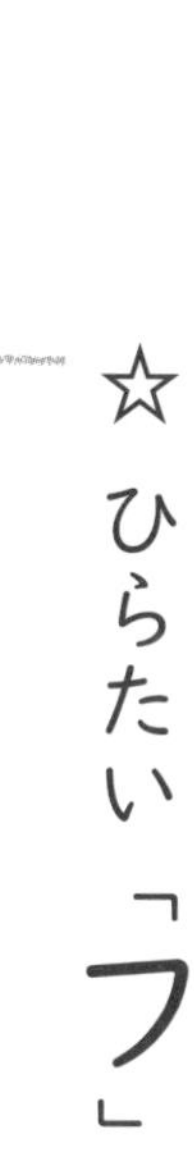

ア

ひらたいフに、みじかいノ。

ヤ

ひらたいフに、ひだりへかたむくたてぼう。

☆ ほそながい「フ」

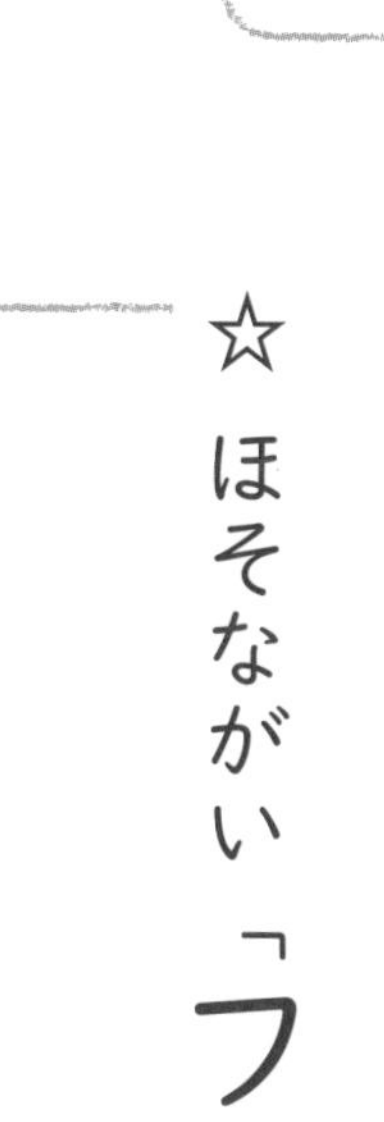

ス

ほそながいフに、てんをうつ。

ヌ

ほそながいフに、つきぬけるてん。

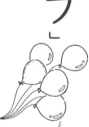

ひらがなをかこう

14 ぱ・ぴ・ぷ・ぺ・ぽ

ぱいたん

とりや、ぶたのほねを
しろくなるまで
にこんだスープだよ

ぴーまん

ぷりん

ぺろぺろあめ

ぽんず

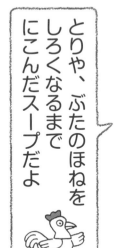

カタカナをかこう

14 パ・ピ・プ・ペ・ポ

パイナップル
パイナップル

ピーナッツ
ピーナッツ

プチトマト
プチトマト

ペパーミント
ペパーミント

ポテトフライ
ポテトフライ

「ぱぴぷぺぽ・パピプペポ」から
はじまることばは、ほとんどが
がいこくからきているよ

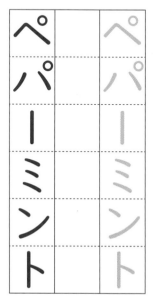

もっとまなぼう

カタカナのかきかた ④

☆「ツ《つ》」「シ《し》」、「ソ《そ》」「ン《ん》」のちがい

「ツ」と「ソ」、「シ」と「ン」は、かたむきぐあいがおなじです。

ツ　シ

「ツ」はてん二つをよこに、
「シ」はたてにかくイメージ！

ソ　ン

「ソ」は上から、
「ン」は下からかくよ！

ちがいにきをつけて、なぞってかきましょう。

ツ		ツ
ク		ク
シ		シ

ソ		ソ
ウ		ウ
メ		メ
ン		ン

おまけ

なぞって・かいぶん その3

☆つぎのぶんは、うえからよんでも、したからよんでも、おなじよみです。
よんで、なぞりましょう。

レモンもれ。

ツナ たべた、なつ。

ガリが ないな、ガリが。

かるめの たんさん、たのめるか。

たつたあげ あたった！

よみがなをかこう

15 いきつけのケーキやさん

① くだものが上にのったタルト。

② 木のかたちをまねたケーキ。

③ カカオのあじを生かす。

④ ケーキの中にチョコがある。

⑤ 木よう日《び》はモンブランがやすい。

⑥ はこに入ったケーキ。

⑦ カスタードを中(あ)おうに入(い)れる。

(あ)

(い)

⑧ 上とうなヨーグルトムース。

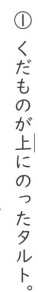

かんじをかこう

15 いきつけのケーキやさん

① くだものがうえにのったタルト。

② きのかたちをまねたケーキ。

③ カカオのあじをいかす。

④ ケーキのなかにチョコがある。

⑤ もくよう日《び》はモンブランがやすい。

⑥ はこにはいったケーキ。

⑦ カスタードを㋐ちゅうおうに㋑いれる。

㋐

㋑

⑧ じょうとうなカカオのチョコムース。

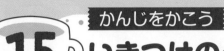

ミニじてん

15 いきつけのケーキやさん

生

おん セイ ショウ

くん いきる うまれる うむ はえる なま

プラス！

一生、一年生、小学生、生年月日、早生まれ

木

おん モク ボク

くん き

プラス！

大木、土木、木目、うえ木、木のみ

上

おん ジョウ

くん うえ かみ あげる あがる のぼる

プラス！

おく上、上空、水上、さかを上る、見上げる

一年生《いちねんせい》でならう「かずをあらわすかん字《じ》」は、『一、二《に》、三《さん》、十《じゅう》、百《ひゃく》、千《せん》』など、十二文字《もじ》あるよ。

入

おん ニュウ

くん はいる いれる いる

プラス！

入学、入力、入り口、おし入れ、おもい入れ

中

おん チュウ ジュウ

くん なか

プラス！

中学生、日中、年中、せ中、中み、まん中

16

よみがなをかこう

あこがれのケーキやさん

①赤いイチゴのショートケーキ。（　　）

②山のかたちをしたシュークリーム。（　　）

③プリンは月とおなじいろだね。（　　）

④プリンはふじ山に、にたかたち。（　　）

⑤子どもがすきなチョコレートケーキ。（　　）

⑥月(あ)よう日(い)にケーキをかった。（あ）（　　）（い）（　　）

⑦ケーキやさんは赤いろのやね。（　　）

⑧女子のあこがれのしごとパティシエ。（　　）

かんじをかこう

16 あこがれのケーキやさん

① あかいイチゴのショートケーキ。

② やまのかたちをしたシュークリーム。

③ プリンはつきとおなじいろだね。

④ プリンはふじさんに、にたかたち。

⑤ こどもがすきなチョコレートケーキ。

⑥ げつようびにケーキをかった。

あ

い

⑦ ケーキやさんはあかいろのやね。

⑧ じょしのあこがれのしごとパティシエ。

16 あこがれのケーキやさん

月

おん ゲツ・ガツ
くん つき

プラス！
三日月《みかづき》のかたち。

山

おん サン
くん やま

プラス！
たかい山がつらなっているかたち。

赤

おん セキ
くん あか・あか**い**・あか**らむ**・あか**らめる**

プラス！
大と火をくみあわせたかたち。

↓

月

↓

山

日

おん ニチ・ジツ
くん ひ・か

プラス！
たいようのかたち。

子

おん シ・ス
くん こ

プラス！
あかんぼうのかたち。
乛はあたまのかたち。

よみがなをかこう

17 ハンバーガーショップ

①　おや子でハンバーガーショップにいく。

（　　）

②　金(あ)よう日(い)は、ナゲットをたべた。

(あ)（　　）　(い)（　　）

③　てりやきバーガーは三百円だ。

（　　）

④　シェイクのお金をはらった。

（　　）

⑤　バンズは円いかたちをしている。

（　　）

⑥　フィッシュバーガーを三つたのんだ。

（　　）

⑦　女せいのスタッフがはこんでくれた。

（　　）

⑧　ポテトが百本(あ)、入(い)っていた。

(あ)（　　）　(い)（　　）

かんじをかこう

17 ハンバーガーショップ

① おやこでハンバーガーショップにいく。

② きんようびは、ナゲットをたべた。

あ

い

③ てりやきバーガーはさんびゃくえんだ。

④ シェイクのおかねをはらった。

⑤ バンズはまるいかたちをしている。

⑥ フィッシュバーガーをみっつたのんだ。

⑦ じょせいのスタッフがはこんでくれた。

「ひゃくほん」ともいうよ

⑧ ポテトがひゃっぽん、はいっていた。

あ

い

ミニじてん

17 ハンバーガーショップ

三

おん　サン

くん　み　みつ　みっつ

プラス！

えだを三本、かさねたかたち。

金

おん　キン　コン

くん　かね　*かな

プラス！

おう金、金いろ、金ぎょ、お金、金ぐ

女

おん　ジョ

くん　おんな

プラス！

子女、女子、男女、女心、女の子

女《じょ》せいのにんじゃを「くのいち」というよ。「女」という字《じ》をバラバラにすると…「く＋ノ＋一《いち》」になるね！

円

おん　エン

くん　まるい

プラス！

一円、円けい、円石、だ円、円いまど

百

おん　ヒャク

くん　―

プラス！

八百屋とかいて、「やおや」とよむよ。

よみがなをかこう

18 さかなやさんでおかいもの

① 目玉《あ》がぎょろっと金目《い》だい。

あ（　　）　い（　　）

② 大《あ》きなタイの、口《い》の中《なか》に……。

あ（　　）　い（　　）

③ アサリを入《い》れた、五目ずし。

（　　）

④ ヒラメは白みのさかなだ。

（　　）

⑤ りょうしの人口がへっている。

（　　）

⑥ さしみのつまは、きった大こん。

（　　）

⑦ 玉ねぎをそえたカツオのたたき。

（　　）

⑧ 白ぎんのイワシのおなか。

（　　）

かんじをかこう

18 さかなやさんでおかいもの

① めだま(あ)がぎょろっときんめだい(い)。

あ［　　］ い［　　］

② おおきな(あ)タイの、くち(い)の中《なか》に…。

あ［　　］ い［　　］

③ アサリを入《い》れたごもくずし。

［　　］

④ ヒラメはしろみのさかなだ。

［　　］

⑤ りょうしのじんこうがへっている。

［　　］

⑥ さしみのつまは、きっただいこん。

［　　］

⑦ たまねぎをそえたカツオのたたき。

［　　］

⑧ はくぎんのイワシのおなか。

［　　］

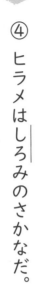

ミニじてん

18 さかなやさんでおかいもの

大

おん
ダイ
タイ

くん
おお**きい**
おお
おお**いに**

プラス！
手足をひろげて
立つ人のかたち。

玉

おん
ギョク

くん
たま

プラス！
一円玉、大玉、
お年玉、白玉、玉虫

目

おん
モク

くん
め

プラス！
目をたてにした
かたち。

白

おん
ハク

くん
しろ
しら
しろ**い**

プラス！
こう白、白金、白日、
白くろ、白木、白子

口

おん
コウ
ク

くん
くち

プラス！
大口、糸口、入り口、
口下手、小口、出口

19 よみがなをかこう

さかなやさんへおつかいに

① さしみにきくの花がのっています。　（　　）

② 青(あ)ざかなは花(い)ふんしょうにきくのか。

(あ)（　　）　(い)（　　）

③ 夕がたにさかなをかいにいきました。　（　　）

④ サンマは口先がとがっています。　（　　）

⑤ 青年は、ハマグリがすきです。　（　　）

⑥ サザエは、まき貝です。　（　　）

⑦ さかなやで先生にあいました。　（　　）

⑧ 夕しょくはアジフライでした。　（　　）

かんじをかこう

19 さかなやさんへおつかいに

①　さしみにきくのはながのっています。

②　㋐あおざかなは㋑かふんしょうにきくのか。

㋐

㋑

③　ゆうがたにさかなをかいにいきました。

④　サンマはくちさきがとがっています。

⑤　せいねんは、ハマグリがすきです。

⑥　サザエは、まきがいです。

⑦　さかなやでせんせいにあいました。

⑧　ゆうしょくはアジフライでした。

ミニじてん

19 さかなやさんへおつかいに

夕

おん —

くん ゆう

プラス！

夕がたの月の
かたち。

青

おん セイ

くん あお
あおい

プラス！

青いろ、青じそ、
青空、青森けん

花

おん カ

くん はな

プラス！

花べん、ぞう花、
花びら、花見、火花

一年生《いちねんせい》でならう「生《い》きものをあらわすかん字《じ》」は『虫、犬、貝』の三文字《さんもじ》だよ。

貝

おん —

くん かい

プラス！

貝がら、貝づか、
貝ばしら、マテ貝

先

おん セン

くん さき

プラス！

先手、先人、先ぞ、
口先、手先、ゆび先

おまけ

ひつじゅんのきまり ①

☆上《うえ》から下《した》に、かいていく。

二　三　六

☆左《ひだり》から右《みぎ》へ、かいていく。

川　竹　林

休　村

(1) 一《いっ》かく目《め》のほうに○をつけましょう。

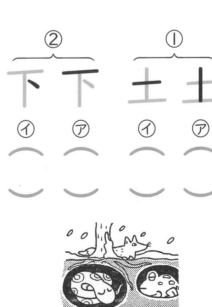

①
㋐ 土 （　）
㋑ 土 （　）

②
㋐ 下 （　）
㋑ 下 （　）

(2) 三《さん》かく目をえらんで○をつけましょう。

㋐ 女 （　）
㋑ 女 （　）
㋒ 女 （　）

こたえ：(1)①㋑　②㋐　(2)㋐

よみがなをかこう

20 スーパーのさかなコーナー

① サケのきりみが二つ、入《はい》っている。

（　　　）

② 四つ入《い》りのアジフライのトレイ。

（　　　）

③ 七月(あ)に、タコを五つ(い)もかった。

あ（　　　）　い（　　　）

④ イカが六ぴき、ならんでいる。

（　　　）

⑤ シジミを七つ(あ)、アサリを六つ(い)。

あ（　　　）　い（　　　）

⑥ タイムセールは二じからだ。

（　　　）

⑦ 四月がしゅんのボタンエビ。

（　　　）

⑧ ブリのきりみを五まいもらった。

（　　　）

かんじをかこう

20 スーパーのさかなコーナー

① サケのきりみがふたつ、入《はい》っている。

② よっつ入《い》りのアジフライのトレイ。

③ しちがつに、タコをいつつもかった。

あ

い

④ イカがろっぴき、ならんでいる。

⑤ シジミをななつ、アサリをむっつ。

あ

い

⑥ タイムセールはにじからだ。

⑦ しがつがしゅんのボタンエビ。

⑧ ブリのきりみをごまいもらった。

ミニじてん

20 スーパーのさかなコーナー

五

おん：ゴ

くん：いつ、いつ**つ**

プラス！

五りん、七五三、
五日（いつか）

四

おん：シ

くん：よ、よ**つ**、よ**っつ**、よん

プラス！

「しー」と口をひら
いてわらうかたち。

二

おん：ニ

くん：ふた、ふた**つ**

プラス！

二かい、二ばん、
二日（ふつか）

七

おん：シチ

くん：なな、なな**つ**、*なの

プラス！

七いろ、七日（なのか）、
七夕（たなばた）

六

おん：ロク

くん：む、む**つ**、む**っつ**、*むい

プラス！

六人、六つぎり、
六日（むいか）

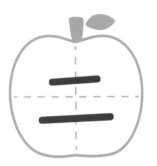

よみがなをかこう

21 くだもの、どんなの？

① イチゴにある小さなつぶはタネだ。（　）

② デコポンはあたまが出っぱっている。（　）

③ キウイのせいぶんをかいた文しょう。（　）

④ スイカには、たくさん水ぶんがある。（　）

⑤ バナナはまい日《にち》スーパーで見られる。（　）

⑥ ブドウから水気をとるとレーズンだ。（　）

⑦ モモのうかの見学(あ)に出(い)ぱつ。 あ（　） い（　）

⑧ 小学校にリンゴの木《き》をうえた。（　）

かんじをかこう

21 くだもの、どんなの？

① イチゴにあるちいさなつぶはタネだ。

② デコポンはあたまがでっぱっています。

③ キウイのせいぶんをかいたぶんしょう。

④ スイカには、たくさんすいぶんがある。

⑤ バナナはまい日《にち》スーパーでみられる。

⑥ ぶどうからみずけをとるとレーズンだ。

⑦ モモのうかの（あ）けんがくに（い）しゅっぱつ。

⑧ しょうがっこうにリンゴの木《き》をうえた。

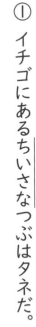

ミニじてん

21 くだもの、どんなの？

文

おん　ブン　モン

くん　—

プラス！

一文、さく文、天文学、文こ、文ぼうぐ

出

おん　シュツ

くん　で**る**　だ**す**

プラス！

出けつ、出とう、出ばん、出しおしみ

小

おん　ショウ

くん　ちい**さい**　こ・お

プラス！

小学生、大小、小川、小えだ、小とり、小人

見

おん　ケン

くん　み**る**　み**える**　み**せる**

プラス！

一見、はっ見、見本、見よう見まね

水

おん　スイ

くん　みず

プラス！

ながれている水のかたち。

よみがなをかこう

22 はるにとれるたべもの

① 四《し》月《がつ》九日(あ)に、おとうさんとタケノコをとりに、竹林(い)にいった。

(あ)（　　）　(い)（　　）

② 竹(あ)の中《なか》は、空(い)っぽだ。

(あ)（　　）　(い)（　　）

③ 土《つち》の下からフキノトウ。

（　　）

④ ヨモギはたべられる草だ。

（　　）

⑤ はるの空気をすった、タンポポ。

（　　）

⑥ 草(あ)げんに、九本(い)のツクシ。

(あ)（　　）　(い)（　　）

⑦ 下校中にスイバを見《み》つけた。

（　　）

かんじをかこう

22 はるにとれるたべもの

① 四《し》月《がつ》ここのか(あ)に、おとうさんとタケノコをとりに、ちくりん(い)にいった。

(あ)［　　］ (い)［　　］

② たけ(あ)の中《なか》は、から(い)っぽだ。

(あ)［　　］ (い)［　　］

③ 土《つち》のしたからフキノトウ。

［　　］

④ ヨモギはたべられるくさだ。

［　　］

⑤ はるのくうきをすった、タンポポ。

［　　］

⑥ そうげん(あ)に、きゅうほん(い)のツクシ。

(あ)［　　］ (い)［　　］

⑦ げこうちゅうにスイバを見《み》つけた。

［　　］

ミニじてん

22 はるにとれるたべもの

下

おん　カ・ゲ

くん　した
しも
さ**がる**
くだ**る**
お**りる**

プラス！

下手人、月下、目下、
下火、手下、年下

竹

おん　チク

くん　たけ

プラス！

竹わ、竹ばのとも、
竹うま、竹やぶ

九

おん　キュウ
ク

くん　ここ
ここの
ここの**つ**

プラス！

九さい、九九、
九日（ここのか）

草

おん　ソウ

くん　くさ

プラス！

草げん、草しょく、
草木、草花、七草

空

おん　クウ

くん　そら
あ**く**
あ**ける**
から

プラス！

×うかんむり　（宀）
○あなかんむり（穴）

よみがなをかこう

23 おそうざい、どれにする？

① サツマイモの天ぷらをかった。
（　　）

② 手づくりぎょうざがうられていた。
（　　）

③ ふくろに入《はい》ったキャベツの千ぎり。
（　　）

④ ㋐一口サイズのたつ㋑田あげ。
㋐（　　）
㋑（　　）

⑤ 天の川《がわ》のようなキラキラサラダ。
（　　）

⑥ 一ばん人気《にんき》のくしかつ。
（　　）

⑦ おいしすぎて、おもわずはく手した。
（　　）

⑧ こんにゃく田がくにしようかな。
（　　）

かんじをかこう

23 おそうざい、どれにする？

① サツマイモのてんぷらをかった。

② てづくりぎょうざがうられていた。

③ ふくろに入《はい》ったキャベツのせんぎり。

④ ひとくちサイズのたつたあげ。（あ）（い）

（あ）〔　　〕
（い）〔　　〕

⑤ あまの川《がわ》のようなキラキラサラダ。

⑥ いちばん人気《にんき》のくしかつ。

⑦ おいしすぎて、おもわずはくしゅした。

⑧ こんにゃくでんがくにしようかな。

ミニじてん

23 おそうざい、どれにする？

手

おん　シュ
くん　て・た

プラス！
手中、名手、手入れ、手びょうし、土手

一

おん　イチ　イツ
くん　ひと　ひとつ

プラス！
一い、一年生、一日（ついたち）

天

おん　テン
くん　あま

プラス！
天下、天気、天空、天さい、天のじゃく

下手→へた、したて、しもて
上手→じょうず、うわて、かみて
…いろんなよみかたがあるね！

田

おん　デン
くん　た

プラス！
田んぼのかたちからできた字。

千

おん　セン
くん　ち

プラス！
千円、千人、千本、千とせあめ、千よがみ

よみがなをかこう

24 きょうのごちそう

① 本ⓐマグロをつかったてっ火ⓘまき。

㋐（　　）㋑（　　）

② すみ火やきのやきとりをかった。

（　　）

③ すきやきに糸こんにゃくを入《い》れる。

（　　）

④ 石ⓐやきいもが三本ⓘ。

㋐（　　）㋑（　　）

⑤ 車えびのエビフライ。

（　　）

⑥ 水車があるレストランにいく。

（　　）

⑦ 森本さんがつり上《あ》げたマダイ。

（　　）

⑧ ほう石のようなゼリー。

（　　）

かんじをかこう

24 きょうのごちそう

① ほん(あ)マグロをつかったてっか(い)まき。

あ〔　　〕　い〔　　〕

② すみびやきのやきとりをかった。

〔　　〕

③ すきやきにいとこんにゃくを入《い》れる。

〔　　〕

④ いし(あ)やきいもがさんぼん(い)。

あ〔　　〕　い〔　　〕

⑤ くるまえびのエビフライ。

〔　　〕

⑥ すいしゃがあるレストランにいく。

〔　　〕

⑦ もりもとさんがつり上《あ》げたマダイ。

〔　　〕

⑧ ほうせきのようなゼリー。

〔　　〕

ミニじてん

24 きょうのごちそう

石

おん セキ *シャク

くん いし

プラス！

がん石、ほう石、じ石、石ころ、小石

糸

おん シ

くん いと

プラス！

せい糸、糸口、け糸、たこ糸、つり糸

火

おん カ

くん ひ

プラス！

もえあがっている火のかたち。

本

おん ホン

くん もと

プラス！

一本、え本、本気、本心、ね本、大本

車

おん シャ

くん くるま

プラス！

車りん、車どう、でん車、糸車、は車

おまけ

ひつじゅんのきまり ②

☆字《じ》のぜんたいをつらぬくたては、さいごにかく。

中 車 千

☆中《なか》、左《ひだり》、右《みぎ》というじゅんにかく。

小（①②③） 水（①②③） 赤（①②③）

☆つぎのかん字の一《いっ》かく目《め》をなぞりましょう。

① 左 ② 右 ③ 人 ④ 入

こたえ：①左 ②右 ③人 ④入

25 川につりにいこう

① アマゴつりでゆう名（あ）な村（い）。

あ（　　） い（　　）

② ヤマメはめずらしい川ざかな。

（　　）

③ 川上でサワガニをつかまえた。

（　　）

④ 男女がアユつりをしていた。

（　　）

⑤ 土ようのうしの日《ひ》にウナギをたべた。

（　　）

⑥ 町村（あ）のあいだにながれる川（い）。

あ（　　） い（　　）

⑦ ドジョウは土の下《した》にかくれる。

（　　）

⑧ つりをする男（あ）の人《ひと》の名（い）まえ。

あ（　　） い（　　）

かんじをかこう

25 川につりにいこう

① アマゴつりで**ゆうめい**(あ)な**むら**(い)。
あ〔　　〕　い〔　　〕

② ヤマメはめずらしい**かわ**ざかな。
〔　　〕

③ **かわかみ**でサワガニをつかまえた。
〔　　〕

④ **だんじょ**がアユつりをしていた。
〔　　〕

⑤ **どよう**のうしの日《ひ》にウナギをたべた。
〔　　〕

⑥ **ちょうそん**(あ)のあいだにながれる**かわ**(い)。
あ〔　　〕　い〔　　〕

⑦ ドジョウは**つち**の下《した》にかくれる。
〔　　〕

⑧ つりをする**おとこ**(あ)の人《ひと》の**なまえ**(い)。
あ〔　　〕　い〔　　〕

ミニじてん

25 川につりにいこう

村

おん ソン
くん むら

プラス!
ぎょ村、町村、のう村、村ざと、村はずれ、村人

川

おん ―
くん かわ

プラス!
川上、川ぎし、川下、川すそ、川べり

土

おん ド・ト
くん つち

プラス!
土よう日、土足、赤土、土いじり

男

おん ダン ナン
くん おとこ

プラス!
田と力をくみあわせたかたち。

名

おん メイ ミョウ
くん な

プラス!
し名、ち名、名字、名ふだ、名のる

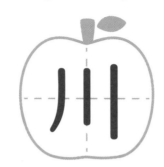

よみがなをかこう

26 おやつはだがし

①この町には、だがしやがあります。
（　　　）

②下校㋐して、だがしやにいく人㋑。
㋐（　　　）　㋑（　　　）

③十日㋐は町㋑ないかいのえん足《そく》。
㋐（　　　）　㋑（　　　）

④おやつは百五十円までです。
（　　　）

⑤ミニヨーグルトが十こかえます。
（　　　）

⑥すっぱいアメに気をつけて！
（　　　）

⑦学校で、きなこぼうがブームです。
（　　　）

⑧じつは大人㋐にも人気㋑があります。
㋐（　　　）　㋑（　　　）

かんじをかこう

26 おやつはだがし

① このまちには、だがしやがあります。

② げこう(あ)して、だがしやにいくひと(い)。

③ とおか(あ)はちょう(い)ないかいのえん足《そく》。

④ おやつはひゃくごじゅうえんまでです。

⑤ ミニヨーグルトがじっこかえます。

⑥ すっぱいアメにきをつけて！

⑦ がっこうで、きなこぼうがブームです。

⑧ じつはおとな(あ)にもにんき(い)があります。

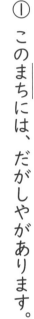

ミニじてん

26 おやつはだがし

十

おん ジュウ ジッ

くん とお と

プラス！
五十音、十回、
十人十色

校

おん コウ

くん —

プラス！
とう校、校か、
校ちょう先生

町

おん チョウ

くん まち

プラス！
町村、町ちょう、
下町、みなと町

くさかんむり（艹）は、ならんで生《は》えている草《くさ》のかたちからできているよ。

気

おん キ・ケ

くん —

プラス！
気おん、気たい、
気もち、気はい

人

おん ジン ニン

くん ひと

プラス！
立っている人をよこから見たかたち。

よみがなをかこう

27 おいしいパスタをつくろう！

①　国立（あ）の学校（い）でペスカトーレのレシピを学（う）ぶ。

あ（　　）　い（　　）　う（　　）

②　さかなが足りない！

（　　）

③　グラグラと音（あ）を立（い）てて、おゆがわく。

あ（　　）　い（　　）

④　ムール貝《がい》をつかうことを学んだ。

（　　）

⑤　イカの足は十本《じっぽん》ある。

（　　）

⑥　ゲソはかん字（あ）の下足（い）からきている。

あ（　　）　い（　　）

⑦　イタリアの音がくをながす。

（　　）

かんじをかこう

27 おいしいパスタをつくろう！

① (あ)こくりつの(い)がっこうでペスカトーレのレシピを(う)まなぶ。

(あ)［　　］ (い)［　　］ (う)［　　］

② さかながたりない！

［　　］

③ グラグラと(あ)おとを(い)たてて、おゆがわく。

(あ)［　　］ (い)［　　］

④ ムール貝《がい》をつかうことをまなんだ。

［　　］

⑤ イカのあしは十本《じっぽん》ある。

［　　］

⑥ ゲソはかんじの(あ)げ(い)そくからきている。

(あ)［　　］ (い)［　　］

⑦ イタリアのおんがくをながす。

［　　］

ミニじてん

27 おいしいパスタをつくろう！

音

おん　オン
くん　おと　ね

プラス！
音くん、音ぷ、足音、音いろ

学

おん　ガク
くん　まな**ぶ**

プラス！
か学、学しゅう、学年、入学、学びや

足

おん　ソク
くん　あし　た**りる**　た**る**　た**す**

プラス！
土足、した足らず、足しざん、手足

字

おん　ジ
くん　―

プラス！
もとは、「子どもをうむ」といういみ。

立

おん　リツ
くん　た**つ**　た**てる**

プラス！
一本のせんの上に立つ人のかたち。

うかんむり（宀）は、たてもののやねのことだよ。

よみがなをかこう

28 しってる？やさいのまめちしき

①八月(あ)がしゅんのドリアンは、くだものの王(い)さまだ。

②がい虫よけをするトマト。

③雨がふったあとは水《みず》やりをしない。

④虫(あ)のくじょに力(い)を入《い》れる。

⑤ニンニクはとてもたい力がつく。

⑥雨天(あ)がつづくと虫(い)がわく。

⑦八手は大《おお》きな手《て》のかたちのはっぱ。

かんじをかこう

28 しってる？やさいのまめちしき

① はちがつ（あ）がしゅんのドリアンは、くだもののおう（い）さまだ。

あ〔　　〕　い〔　　〕

② がいちゅう（あ）よけをするトマト。

〔　　〕

③ あめ（あ）がふったあとは水《みず》やりをしない。

〔　　〕

④ むし（あ）のくじょにちから（い）を入《い》れる。

あ〔　　〕　い〔　　〕

⑤ ニンニクはとてもたいりょく（あ）がつく。

〔　　〕

⑥ うてん（あ）がつづくとむし（い）がわく。

あ〔　　〕　い〔　　〕

⑦ やつ（あ）では大《おお》きな手《て》のかたちのはっぱ。

〔　　〕

ミニじてん

28 しってる？やさいのまめちしき

八

おん　ハチ

くん　や、やっつ、やつ、よう

プラス！
えんぎがよいと
されている字だよ。

虫

おん　チュウ

くん　むし

プラス！
せい虫、よう虫、
け虫、よわ虫

王

おん　オウ

くん　――

プラス！
王さま、王こく、
王子、女王、大王

にんべん（亻）は、よこから見《み》た人《ひと》のかたちからできているよ。

力

おん　リョク、リキ

くん　ちから

プラス！
学力、力そう、
そこ力、力もち

雨

おん　ウ

くん　あめ、あま

プラス！
雨中、雨りょう、雨足、
雨かぜ、雨がさ、雨水

よみがなをかこう

29 キノコがりだ！

① 森林にはキノコがたくさんある。

（　　　）

② あさ早（あ）くに、ペットの大《おお》がた犬（い）をつれて、森（う）の中《なか》に入《はい》る。

（あ）（　　　）

（い）（　　　）

（う）（　　　）

③ 早早にヒラタケを見《み》つけた。

（　　　）

④ トリュフをさがし出《だ》す犬がいる。

（　　　）

⑤ キクラゲは木《き》に生《は》えた耳みたいだ。

（　　　）

⑥ マツタケはマツの林に生えている。

（　　　）

⑦ 竹林ではキヌガサタケがとれる。

（　　　）

かんじをかこう

29 キノコがりだ！

① しんりんにはキノコがたくさんある。

〔　　〕

② あさ㋐はやくに、ペットの大《おお》がた㋑けんをつれて、㋒もりの中《なか》に入《はい》る。

㋐〔　　〕　㋑〔　　〕　㋒〔　　〕

③ そうそうにヒラタケを見《み》つけた。

〔　　〕

④ トリュフをさがし出《だ》すいぬがいる。

〔　　〕

⑤ キクラゲは木《き》に生《は》えたみみみたいだ。

〔　　〕

⑥ マツタケはマツのはやしに生えている。

〔　　〕

⑦ ちくりんではキヌガサタケがとれる。

〔　　〕

ミニじてん

29 キノコがりだ!

犬

おん ケン

くん いぬ

プラス!

名犬、もうどう犬、犬ごや、子犬、山犬

早

おん ソウ

くん はやい、はやまる、はやめる

プラス!

早たい、早ちょう、早ね早おき

森

おん シン

くん もり

プラス!

森林、森林よく、森をきりひらく

耳

おん ―

くん みみ

プラス!

空耳、早耳、耳元、うまの耳にねんぶつ

林

おん リン

くん はやし

プラス!

林ぎょう、林かん学校、くり林

よみがなをかこう

30 あけましておめでとう！

① お正月におせちをたべる。

② 右まきのだてまき。

③ 正しいやりかたでおまいり。

④ 左右の手《て》のひらをあわせる。

⑤ 年(あ)まつはそば、年(い)しはおぞうに。

あ（　　）い（　　）

⑥ 左(あ)のカフェは四日《よっか》まで休(い)み。

あ（　　）い（　　）

⑦ お年玉でバイキングにいく。

⑧ 休日のあいだにふとった。

かんじをかこう

30 あけましておめでとう！

① おしょうがつにおせちをたべる。

② みぎまきのだてまき。

③ ただしいやりかたでおまいり。

④ さゆうの手《て》のひらをあわせる。

⑤ ㋐ねんまつはそば、㋑ねんしはおぞうに。

㋐ ㋑

⑥ ㋐ひだりのカフェは四日《よっか》まで㋑やすみ。

㋐ ㋑

⑦ おとしだまでバイキングにいく。

⑧ きゅうじつのあいだにふとった。

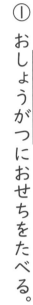

ミニじてん

30 あけましておめでとう！

右

おん　ウ、ユウ

くん　みぎ

プラス！

手と口をくみあわせたかたち。

左

おん　サ

くん　ひだり

プラス！

手と工をくみあわせたかたち。

正

おん　セイ、ショウ

くん　ただ**しい**、ただ**す**、まさ

プラス！

五までのかずをかぞえるときにもつかうよ。

休

おん　キュウ

くん　やすむ、やす**まる**、やす**める**

プラス！

休校、休日、休けい、ひる休み、はし休め

年

おん　ネン

くん　とし

プラス！

学年、年月、年中、同い年、今年

おせちには、えんぎがいいたべものがたくさん！

学力の基礎をきたえどの子も伸ばす研究会

HPアドレス　http://gakuryoku.info/

常任委員長　岸本ひとみ
事務局　〒675-0032 加古川市加古川町備後178-1-2-102 岸本ひとみ方　☎·Fax 0794-26-5133

① めざすもの

私たちは、すべての子どもたちが、日本国憲法と子どもの権利条約の精神に基づき、確かな学力の形成を通して豊かな人格の発達が保障され、民主平和の日本の主権者として成長することを願っています。しかし、発達の基盤ともいうべき学力の基礎を鍛えられないまま落ちこぼれている子どもたちが普遍化し、「荒れ」の情況があちこちで出てきています。

私たちは、「見える学力、見えない学力」を共に養うこと、すなわち、基礎の学習をやり遂げさせることと、読書やいろいろな体験を積むことを通して、子どもたちが「自信と誇りとやる気」を持てるようになると考えています。

私たちは、人格の発達が歪められている情況の中で、それを克服し、子どもたちが豊かに成長するような実践に挑戦します。

そのために、つぎのような研究と活動を進めていきます。

① 「読み・書き・計算」を基軸とした学力の基礎をきたえる実践の創造と普及。
② 豊かで確かな学力づくりと子どもを励ます指導と評価の探究。
③ 特別な力量や経験がなくても、その気になれば「いつでも・どこでも・だれでも」ができる実践の普及。
④ 子どもの発達を軸とした父母・国民・他の民間教育団体との協力、共同。

私たちの実践が、大多数の教職員や父母・国民の方々に支持され、大きな教育運動になるよう地道な努力を継続していきます。

② 会　　員

・本会の「めざすもの」を認め、会費を納入する人は、会員になることができる。
・会費は、年4000円とし、7月末までに納入すること。①または②

①郵便振替　口座番号　00920-9-319769
名　　称　学力の基礎をきたえどの子も伸ばす研究会

②ゆうちょ銀行
店番099　店名〇九九《ゼロキュウキュウ》店　当座0319769

・特典　研究会をする場合、講師派遣の補助を受けることができる。
大会参加費の割引を受けることができる。
学力研ニュース、研究会などの案内を無料で送付してもらうことができる。
自分の実践を学力研ニュースなどに発表することができる。
研究の部会を作り、会場費などの補助を受けることができる。
地域サークルを作り、会場費の補助を受けることができる。

③ 活　　動

全国家庭塾連絡会と協力して以下の活動を行う。

・全 国 大 会　全国の研究、実践の交流、深化をはかる場とし、年1回開催する。通常、夏に行う。
・地域別集会　地域の研究、実践の交流、深化をはかる場とし、年1回開催する。
・合宿研究会　研究、実践をさらに深化するために行う。
・地域サークル　日常の研究、実践の交流、深化の場であり、本会の基本活動である。可能な限り月1回の月例会を行う。
・全国キャラバン　地域の要請に基づいて講師派遣をする。

全国家庭塾連絡会

① めざすもの

私たちは、日本国憲法と教育基本法の精神に基づき、すべての子どもたちが確かな学力と豊かな人格を身につけて、わが国の主権者として成長することを願っています。しかし、わが子も含めて、能力があるにもかかわらず、必要な学力が身につかないままになっている子どもたちがたくさんいることに心を痛めています。

私たちは学力研が追究している教育活動に学びながら、「全国家庭塾連絡会」を結成しました。

この会は、わが子に家庭学習の習慣化を促すことを主な活動内容とする家庭塾運動の交流と普及を目的としています。

私たちの試みが、多くの父母や教職員、市民の方々に支持され、地域に根ざした大きな運動になるよう学力研と連携しながら努力を継続していきます。

② 会　　員

本会の「めざすもの」を認め、会費を納入する人は会員になれる。
会費は年額1500円とし（団体加入は年額3000円）、8月末までに納入する。
会員は会報や連絡交流会の案内、学力研集会の情報などをもらえる。

事務局　〒564-0041 大阪府吹田市泉町4-29-13 影浦邦子方　☎·Fax 06-6380-0420
郵便振替　口座番号　00900-1-109969　　名称　全国家庭塾連絡会

漢字とイメージがむすびつく！ たべもの漢字ドリル　小学1年生

2022年3月10日　発行
●著者／深澤 英雄
●発行者／面屋 尚志
●発行所／フォーラム・A
〒530-0056 大阪市北区兎我野町15-13-305
TEL／06-6365-5606　FAX／06-6365-5607
振替／00970-3-127184
●印刷／尼崎印刷株式会社
●製本／株式会社高廣製本
●デザイン／美濃企画株式会社
株式会社髙木新盛堂
●制作担当編集／樫内 真名生
●企画／清風堂書店
●HP／http://foruma.co.jp/
※乱丁・落丁本はおとりかえいたします。